Diese Schrift widme ich all den Menschen,

die das Radbild des Bruder Klaus

als Inspirations- und Kraftquelle entdecken möchten, oder bereits entdeckt haben,

und dabei offen gegenüber einer

neuen Sichtweise sind.

Über den Autor **Bruno Schnetzer:**

Aufgewachsen in Thun, dem Tor zum Berner Oberland. Lehramtsstudium an der Universität Bern. Anschließend zweites Studium (Erziehungswissenschaften, Philosophie und Psychologie) mit Magisterabschluss an der Fernuniversität Hagen. Umfangreiche Tätigkeit an Sekundarschulen und in der Lehrerbildung. Er beschäftigt sich seit etlichen Jahren mit Mystik und Philosophie. Seine großen Leidenschaften sind das Lesen und das Reisen. Nach zehnjähriger Arbeit in einer jüdisch-orthodoxen Schule in Zürich ist er wieder ins Berner Oberland zurückgekehrt und lebt seither in der Region Thun.

Wichtiger Hinweis: Bevor du nun weiterliest, solltest du zuerst selber das untenstehende Radbild des Bruder Klaus intensiv betrachten. Nimm dir, in einem ruhigen Moment, Zeit dafür und vertiefe dich darin. Notiere anschliessend, was du in den Figuren und Formen erkannt hast. Am Schluss dieser Schrift ist Platz für persönliche Notizen vorgesehen. Setze dann die Lektüre fort.

Inhaltsverzeichnis   Seite

Einleitung		5
1	Wer war Bruder Klaus?	6
2	Symbole	13
3	Symbolische Betrachtungen zum Radbild	18
3.1	Kreis im Quadrat und Radmitte	22
3.2	Das Rad	23
3.3	Die verwobenen Dreiecke	25
3.3.1	Nach oben gerichtetes Dreieck	25
3.3.2	Nach unten gerichtetes Dreieck	26
3.3.3	Das Hexagramm	26
3.4	Der goldene Schnitt	28
3.5	Die Speichen – Strahlen	30
3.5.1	Drei Strahlen nach innen	30
3.5.2	Drei Strahlen nach aussen	33
3.5.3	Den Strahlen folgen	35
4	Ausblick	37
Literatur		38
Gedichte		40
Persönliche Notizen zum Radbild		43

Einleitung

Im Herbst 2016 arbeitete ich intensiv am Zusammenstellen des Jahresprogrammes unserer Pfarrei für das bevorstehende 600-Jahrjubiläum des Bruder Klaus.

Es gab dabei eine grosse Zahl an interessanten Angeboten, Theater, Bücher, Meditationshilfen und Gebete zu sichten. Die Zeit ging so sehr schnell vorüber.

In einer Kaffeepause schaute eine Abbildung aus dem hohen Papierstapel heraus. Es war *die Radtafel des Bruder Klaus*, so wie sie im alten Pilgertraktat abgedruckt war. Ich nahm sie und betrachtete sie nun intensiver. Intuitiv wurde mir dabei bewusst, was die verschiedenen Symbole im Radbild mir mitteilen wollten. Um diese verborgenen Botschaften geht es in dieser Schrift.

1 Wer war Bruder Klaus?

Niklaus von Flüe, genannt Bruder Klaus, ist zweifellos der bekannteste Mystiker der Schweiz, nach C.G. JUNG sogar einer der Bedeutendsten Europas. Er lebte im Spätmittelalter von 1417-1487 im Kanton Obwalden, im Herzen der heutigen Schweiz.

Seine Kindheit verbrachte er bei seinen Eltern auf dem Bauernhof im Flüeli, einer Ebene oberhalb von Sachseln, wo er im Stall und auf der Weide zum Vieh schaute. Ein Jugendfreund berichtete, dass sich Niklaus bereits als Kind oft an einen einsamen Ort zurückzog, um zu Beten und Nachzudenken.

Seine inneren Bilder, seine Visionen, die er bereits von klein auf hatte, beschäftigten ihn immer wieder. Später verriet er einmal, dass er bereits im Mutterleib eine Vision hatte, wo er unter anderem *einen Stern, einen grossen Stein* und *das heilige Öl* der Taufe sah. Auch wie seine Mutter und die Hebamme ihn zur Taufe nach Kerns trugen, habe er darin gesehen und diese bei der Geburt dann auch sofort erkannt. So arbeitete Niklaus an sich. Mit 14 Jahren nahm er das erste Mal an der Landsgemeinde teil.

Die aufrechte, überlegte und ruhige Art des jungen Mannes weckte bei seinen Mitbürgern Vertrauen und so wurden ihm nach und nach verschiedene Ämter, z.B. als Richter, Ratsherr und Hauptmann, anvertraut. Mit 29 Jahren heiratete er Dorothea Wyss, eine junge Ratsherrentochter aus der Schwendi über dem Sarnersee. Gemeinsam zogen sie in das neu erstellte, eigene Wohnhaus. Zusammen hatten sie zehn Kinder, fünf Knaben und fünf Mädchen.

Abbildung 1: Wohnhaus des Niklaus von Flüe

Die öffentlichen Ämter brachten ihm jedoch nicht nur Anerkennung und Ansehen, sondern waren zuweilen auch eine Last für ihn. Sein Gerechtigkeitssinn wurde dabei oft hart auf die Probe gestellt, denn Eigennutz regierte nicht selten die Geschicke seiner Landsleute. Kurz vor seinem 50. Lebensjahr hatte er eine tiefe Sinnkrise. Das Erreichte, Familie, Hof und Ämter, konnten ihn nicht mehr zufrieden stellen. Er litt stark unter den dortigen politischen Missständen und Ungerechtigkeiten. So zog er sich plötzlich aus allen Ämtern zurück. Er zweifelt an allem. Auch die Familie wurde ihm lästig und er ass immer wie weniger.

Ein befreundeter Pfarrer, Heimo Amgrund, riet ihm mehrmals am Tag über das Leiden Christi zu beten und nachzudenken. Dazu zog er sich oft in die Stille des Ranftes, einer nahegelegenen Schlucht, zurück. Er vernahm dabei immer deutlicher die innere Stimme, den Ruf Gottes.

Auf dem Weg zum Mähen bat Niklaus Gott um ein andächtiges Leben, da hatte er ein mystisches Erlebnis: Eine Wolke sprach zu ihm: „Ergib dich in den Willen Gottes, du törichter Mann. Was Gott mit dir wirken will, darin sollst du willig sein!". Er war nun fest entschlossen als Wallfahrer von einem heiligen Ort zum andern zu pilgern und so voll und ganz dem Ruf Gottes zu folgen. Doch Dorothea denkt an die Familie, die Kinder und den Hof. Wie soll das ohne ihn gehen? Nach langem Ringen und intensiven Gesprächen konnte die Familie jedoch den Willen Gottes annehmen und liess ihn in die Fremde ziehen.

Abbildung 2: Statue von Dorothea von Flüe mit ihren drei jüngsten Kindern auf dem Friedhof Sachseln

Kurz vor Liestal im Baselland hatte er drei Erscheinungen: Ein Feuerglanz über Liestal erschreckte ihn. Ein Bauer riet ihm von seinem Plan ab und in der Nacht drang ein Lichtstrahl, wie ein Schwert, durch seinen Körper und bereitete ihm grosse Schmerzen. So wusste er nun, dass er umkehren soll.

Sofort trat er den Heimweg an und versteckte sich auf seiner Alp Chlisterli oberhalb des Melchtals. Doch wohin sollte er gehen? Schliesslich wiesen ihn vier Lichter in die Ranftschlucht, kurz den Ranft, seiner Heimat. Genau dort, wo er bereits als 16-Jähriger eine Vision hatte: Niklaus sah an dieser Stelle damals einen schönen, hohen Turm stehen. Dieses Turm-Symbol war leitend für ihn, denn auch er wollte im Boden verankert sein und zugleich in den Himmel ragen! Er wollte die Welt mit Gott verbinden, das „Einig Wesen suchen", wie er selber sagte. Hier war der Ort seiner Bestimmung und so errichtete er dort eine Hütte aus Ästen, Lehm und Laub und verbrachte den Winter dort. Im folgenden Sommer errichteten ihm seine Freunde eine Kapelle und eine Zelle im Ranft, wo er 20 Jahre, bis zu seinem Tod 1487, als Einsiedler verbrachte.

Abbildung 3: Zelle des Bruder Klaus als Anbau der Oberen Ranftkapelle

Seit der Erscheinung bei Liestal, als ein Lichtstrahl in ihn eindrang, enthielt sich Bruder Klaus der Einnahme von Speis und Trank. Untersuchungen von weltlicher wie geistlicher Seite, z.B. durch eine einmonatige, strenge Bewachung, bestätigten die wunderbare Enthaltsamkeit. Der Ruf vom „lebendigen Heiligen" verbreitete sich so rasch in ganz Europa. Viele Menschen, sogar Gesandte ausländischer Fürsten, suchten ihn auf und baten ihn um Rat oder Vermittlung. Viele wollten ihn einfach auch nur berühren und erhofften sich dadurch Heilung von ihren Leiden.

1481 konnte er durch seinen Rat an die Tagsatzungsherren in Stans, die bereits zerstritten im Aufbruch begriffen waren, diese nochmals zusammenrufen und zum Frieden bewegen. So gelang es ihm die Eidgenossenschaft vor einem drohenden Bürgerkrieg zu bewahren. In der ganzen Schweiz läuteten daraufhin die Friedensglocken. Auch Dorothea und die ganze Familie von Flüe konnten sich nun freuen, da auch ihr Einsatz einen Bürgerkrieg mit verhindern konnte. So verstummte endlich auch das verletzende, spöttische Gerede im Dorf über die allein gelassene Familie und den Einsiedler.

Es ist nicht bekannt, was Bruder Klaus damals der Tagsatzung in Stans genau geraten hat. Aber ein Jahr später sagte er, was zum Frieden führe: Zuerst *„Aufeinander horchen"*, dann auch *„Einander gehorchen"*. Damit meinte er, dass man den Andern mit seinen Anliegen zuerst anhören soll und dem Gegner einen Schritt entgegen gehe, um mit ihm nach einer Lösung zu suchen. Das stand in krassem Gegensatz zu dem damaligen Verhalten der Eidgenossen die Probleme mit Waffengewalt zu lösen.

In seiner letzten Woche befällt ihn eine schwere und schmerzhafte Krankheit. Im Alter von 70 Jahren, am 21. März 1487, stirbt Bruder Klaus, nach seiner Gewohnheit auf blossem Boden ausgestreckt in seiner Einsiedelei.

Bruder Klaus besass sowohl die Schau in die Tiefe als auch den Sinn für das konkrete Leben. Diese Einheit lebend strahlte nach ganz Europa aus.

Leben und Lehre sind vereint im mystischen Gebet von Bruder Klaus

Mein Herr und mein Gott,

nimm alles von mir,

was mich hindert zu Dir.

Mein Herr und mein Gott,

gib alles mir,

was mich fördert zu Dir.

Mein Herr und mein Gott,

nimm mich mir

und gib mich ganz zu eigen Dir.

1947 wurde Niklaus von Flüe von Papst Pius XII. heiliggesprochen. Sein ganzes Leben war eine Botschaft für den Frieden, ein Zeichen auch für unsere heutige Zeit!

Abbildung 4: Statue des Bruder Klaus in der katholischen Kirche von Spiez

„Fried ist allweg in Gott, denn Gott ist Fried."

Bruder Klaus

2 Symbole

Im Laufe der Menschheitsgeschichte entstand eine riesige Zahl an Zeichen und Symbolen, die ein wichtiger Schlüssel zum Verständnis von Religion, Philosophie, Kunst, Literatur und anderem darstellen.

Die Bedeutung eines *Zeichens* erschliesst sich dabei unmittelbar und ist eindeutig interpretierbar. Denken wir z.b. an Verkehrszeichen und Piktogramme.

Währenddessen ist ein Zeichen nur dann *Symbol*, wenn in ihm noch etwas mehr mitschwingt als seine augenfällige, unmittelbare Bedeutung.

MANFRED LURKER schreibt „Die Bedeutung des Symbols liegt nicht in sich selbst, sondern weist über sich hinaus." Nach ihm ist das Symbol für einen spirituell-religiösen Menschen ein konkretes Phänomen, in dem der Gedanke des Göttlichen und Absoluten in solcher Weise immanent wird, dass er zum deutlicheren Ausdruck gelangt als durch Worte. „Das Symbol ist Ausdruck für die nicht abgebrochene Verbindung zwischen dem Schöpfer und seiner Schöpfung ... Wenn aus der Fülle des göttlichen Urbildes die Einzelbilder offenbar werden, dann sind diese im eigentlichen Sinn *sym-bolon,* Zusammenwurf, Zusammenschlag von Zeit und Ewigkeit ... Das Symbol ist Verhüllung und Offenbarung zugleich" (1987).

Ein *mystisches Symbol* ist somit mehr als ein Zeichen, das rein rational verstanden werden kann. Es stellt *eine lebendige Kraft* dar, die erlebt werden muss!

C.G. JUNG (1875-1961), der bekannte Schweizer Psychiater und Begründer der Analytischen Psychologie, schreibt „Wenn die Seele das Symbol erforscht, wird sie zu Vorstellungen geführt, die jenseits des Zugriffs des Verstandes liegen."

Die Erfahrung zeigt, dass sich das Unterbewusstsein der Symbolsprache bedient. Träume, Visionen und psychische Erlebnisse ereignen sich meistens in Form von *Bildern*, nebst Tönen und Wörtern, die nicht für sich selbst, sondern stellvertretend für etwas anderes stehen. Das Bildsymbol taucht dabei als Folge einer Erkenntnis des Unterbewussten auf.

Das Sprichwort „Ein Bild sagt mehr als tausend Worte." trifft auch auf das *Symbol* zu. Wörter beschränken, Symbole nicht. Ein Symbol ist wie *ein wertvoller Stein mit vielen Kristallflächen*, dessen Bedeutungen und Botschaften erst durch Meditation und Kontemplation entschlüsselt werden muss. Es genügt z.b. nicht ein Buch über Traumsymbole hervorzuholen und dann darin die Erklärung und Bedeutung zum geträumten Symbol zu erlesen. Solche traditionellen Deutungen sind nur oberflächliche Hinweise, die nur die äusserlichen, rationalen Aspekte der Symbole enthüllen und können daher die Bedeutung eines Symbols nur in einem sehr begrenzten Masse begreifen.

So schreibt C.G. JUNG, der über 80 000 Träume analysiert hat *„... dass ein Traum ohne Kenntnis der bewussten Situation überhaupt nie auch nur mit annähernder Sicherheit gedeutet werden kann. Nur aus der Kenntnis der Bewusstseinslage heraus ist es möglich, auszumachen, welches Vorzeichen den unbewussten Inhalten zu geben ist."*.

Die umfangreichste Kenntnis über die bewusste Situation des Träumenden hat jedoch nur der Träumende selber; allenfalls noch ein Psychologe, der sich während der Therapie diese aneignet. Daraus folgt, dass eigentlich *nur der Träumende selber seine Träume deuten kann!*

Diese *Botschaften* können entweder *unpersönlich*, z.B. eine kosmische Wahrheit offenbaren, *oder aber persönlich* sein, indem sie für die psychische Entwicklung der Person wichtig sind und sie führen können.

Einerseits gilt, dass das Unterbewusstsein in Symbolen spricht, *andererseits gilt jedoch auch*, dass Symbole das Unterbewusstsein ansprechen. Das Unterbewusstsein die Sprache der Symbole versteht und daher *das Unterbewusstsein mit Hilfe der Symbole auch angeregt werden kann*. Die durch das Symbol erzeugte Assoziationskette bringt aufgrund der Resonanz bestimmte Kräfte ins Spiel und kann dadurch Ideen oder Kräfte wachrufen, die bereits eine lange Zeit in uns schlummern.

Der Umgang mit Symbolen kann so *den Zugang zu geistigen Schätzen eröffnen* und sie zum Leben erwecken.

In diesem Sinne dienten Suchenden aller Zeiten magische Symbole, die Bilder des Tarot, die Symbolik östlicher Mandalas oder die farbige Ornamentik und die Bilderflut abendländischer Kirchenfenster u.a. als auslösendes Moment, Reisen in andere psychische Räume und Wirklichkeiten zu unternehmen und *die Welten des „Unbewussten" zu erforschen.*

Abbildung 5: Mandala

Wenn man über Symbole *kontempliert und meditiert*, nützt dies in zweierlei Hinsicht: Die Symbole tauchen leichter an die Oberfläche des Bewusstseins und sie wirken besser auf das Unterbewusstsein ein.

Zuerst muss man aber für diese Symbolarbeit empfänglich sein. Nur wer fest davon überzeugt ist, dass das Leben einen tieferen Sinn hat als nur den, den uns die äusserlichen Erscheinungen zeigen, kann für eine derartige Stimulation empfänglich sein.

Nach MIRCEA ELIADE ist symbolisches Denken dem Menschen immanent und zielt notwendig darauf, in die Transzendenz vorzustossen.

Abbildung 6: Transzendenz: "Was das Auge nicht gesehen, noch das Ohr gehört hat."

So wollen wir uns nun mit einem konkreten Symbol, dem Radbild des Bruder Klaus, beschäftigen und sehen, was für Botschaften es in mir ausgelöst hat.

3 Symbolische Betrachtungen zum Radbild

Da Bruder Klaus, wie der Grossteil der Bevölkerung am Ende des Mittelalters, des Lesens und Schreibens unkundig war, konnte er weder in der Bibel noch in anderen Schriften Anregungen für seine Betrachtungen finden. Ein guter und eindrücklicher Ersatz waren jedoch Darstellungen durch Bilder und Gemälde. Besonders hervorzuheben ist das folgende Radbild.

Dass Bruder Klaus eine solche Zeichnung mit dem Radbild besessen hat, davon wissen wir von einem deutschen Pilger, der ihn besucht hat und der über die Begegnung mit dem Einsiedler im Ranft ein Büchlein verfasste, das sogenannte Pilgertraktat (Erstveröffentlichung 1487).

In der ältesten Biographie über den Bruder Klaus (1501) zitiert Heinrich WÖLFLIN aus diesem Pilgertraktat, wo Niklaus von Flüe dem Pilger das Geheimnis des Radbildes und seiner Gotteserkenntnis verrät:

„Mein Buch, worin ich lerne, die Kunst dieser Lehre zu verstehen. – So ist das göttliche Wesen. Die Mitte bedeutet die ungeteilte Gottheit, in der sich alle Heiligen erfreuen. Die drei Spitzen, die in der Mitte, beim inneren Ring, hineingehen, bedeuten die drei Personen. Sie gehen aus von der einen Gottheit und haben den Himmel und die ganze Welt umfangen. Und so wie sie ausgehen in göttlicher Macht, so gehen sie auch hinein, sie sind einig und ungeteilt in ewiger Herrschaft."

Unter diesem Text ist dann im Pilgertraktat obiges Radbild gezeichnet. Woher Bruder Klaus diese Zeichnung hatte, ist jedoch nicht bekannt. Vielleicht erhielt er sie von einem seiner geistlichen Freunde, eventuell der Gottesfreunde (Mystikerkreis) aus dem süddeutschen/elsässischen Raum. Diese waren Vertreter einer religiös-mystischen Richtung. Sie suchten Gott im Innersten der Seele und waren insbesondere im 14. Jahrhundert weit verbreitet. MEISTER ECKHART, JOHANNES TAULER und HEINRICH SEUSE gehörten auch zu ihnen.

KONSTANTIN VOKINGER schreibt über dieses Radbild in seiner Biografie „BRUDER KLAUS: Sein Leben": „Sein Buch brachte Klaus herbei, ... Ein einziges Blatt war es ohne Worte, ohne Zahlen, eine Zeichnung von ein paar Strichen wie von Kinderhand. Dem sagt er Buch. Das nannte er das Buch, das seine Stunden füllte, die Nächte, die Tage, die Jahre. In diesem Buch enthüllte sich ihm das ewige Wesen Gottes, sein Ausstrahlen und

Einstrahlen, sein Lieben und Wiederlieben, dieses ewige Strömen und ewige Bleiben.

Diese einfache Radzeichnung war zuerst. Später entstand dann das mit biblischen Szenen illustrierte und auf Stoff gemalte Meditationsbild, das Bruder Klaus geschenkt wurde. Es ist heute unter dem Namen *„Meditationsbild von Sachseln"* weit bekannt.

Abbildung 7: Das Meditationsbild von Sachseln

Nach PIRMIM MEIER (1997) ist die Bildbetrachtung jedoch nur ein Teil seiner Spiritualität. Aus Askese und Gebet fallen ihm Visionen zu, auf die Visionen antwortet er mit Gebet, aus diesem kommt die Betrachtung, aus der Betrachtung das Bestehen des Leidens.

Hat dieses Radbild heute, mehr als 500 Jahre später, noch immer diese Symbolkraft? Hat es immer noch dieselbe Bedeutung oder hat sich diese gewandelt?

Wie bereits in der Einleitung erwähnt, hatte ich im Herbst 2016 dieses mystische Erlebnis, dass mir bei der eingehenden Betrachtung des Radbildes plötzlich intuitiv bewusst wurde, was die verschiedenen Symbole mir sagen wollten. Was für Botschaften verbergen sich hinter den verschiedenen Symbolen dieser Abbildung?

Die folgenden Kapitel widmen sich nun diesen Symbolen, deren Bedeutung und Botschaft.

3.1 Kreis im Quadrat und Radmitte

Die beiden grössten Figuren im Radbild des Bruder Klaus sind das Quadrat und der darin einbeschriebene Kreis.

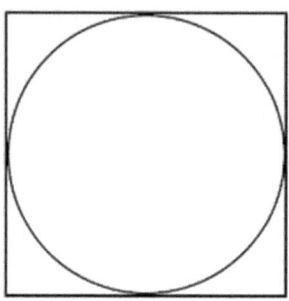

Es handelt sich dabei um ein geläufiges kabbalistisches *Symbol für den in der Materie verborgenen Funken göttlichen Feuers.*

Für mich ist das ein zusätzlicher *Hinweis auf die Lesart dieses gesamten Radbildes.*

Es geht, und das war mir bereits intuitiv klar, *zentral um den göttlichen Funken in uns, um unsere Seele oder auch Seelenpersönlichkeit,* die sich ganz in der Mitte des Bildes als Kreismittelpunkt widerspiegelt und damit den Bezugspunkt für die ganzen Betrachtungen darstellt. **Die Grundbotschaft lautet: Entdecke dich und deinen Weg in mir!**

Dieser Sichtwechsel von der traditionellen, gottzentrierten Perspektive, wo das Wesen Gottes im Mittelpunkt steht, hin zur Seelenpersönlichkeits-Ausrichtung, bietet Zugang für neue Inspirationen.

3.2 Das Rad

Wenn man das Bild als Ganzes betrachtet, so sieht man einen Kreis mit Speichen und einer Mitte, kurz ein Rad. Dieses hat seit jeher den *Symbolwert des Drehens und der Bewegung*.

Wir kennen *das Rad der Zeit*, das sich nicht mehr zurückdrehen lässt. So schön etwas auch war, es wird nie mehr genau so sein wie damals!

Der griechische Philosoph HERAKLIT (um 500 v.Chr.) hat dies „*Panta rhei" – Alles fliesst, alles ist in Bewegung*, genannt. Er sagte: „man kann nicht zweimal in den gleichen Fluss steigen."

Abbildung 8: Fluss in Island

Das Rad symbolisiert aber auch den *Kreislauf von Werden und Vergehen*, von Geburt – Reife - Tod, den *Kreislauf des Lebens*.

In den östlichen Religionen steht das Rad auch für den *Kreislauf der Wiedergeburten*.

Oder aber *das Glücks- oder Schicksalsrad*, das für das Auf und Ab des Lebens, das Schicksal, die Unausweichlichkeit steht. Vielleicht haben wir auch das Bild vom rollenden Schicksal, das uns einholen wird, vor uns. Das Glücksrad kommt zudem als zehnte Karte auch im *Tarot* vor.

Für mich lautet die **Botschaft des Rades**:

Alles ist in Bewegung und Entwicklung. Wandle, entwickle auch du dich und lebe bewusst den Moment, denn er ist einmalig und wird nie mehr in der gleichen Weise wiederkommen.

3.3 Die verwobenen Dreiecke

Das Hexagramm, auch Davidstern, Judenstern oder Salomon Siegel genannt, ist ein sechszackiger Stern, der sich durch Überlappung zweier gleichseitiger Dreiecke ergibt.

3.3.1 Nach oben gerichtetes Dreieck

Verbindet man die Spitzen, der nach aussen weisenden Strahlen miteinander, so erhält man ein nach oben gerichtetes gleichseitiges Dreieck. In der Abbildung grün eingezeichnet.

Dieses Dreieck weist nach oben und zeigt wie die Kräfte der materiellen Welt nach der höheren, immateriellen Welt streben. Es wird auch als *materielles Dreieck* bezeichnet und steht für *das Sichtbare*.

3.3.2 Nach unten gerichtetes Dreieck

Verbindet man die Ansatzstellen, der nach innen weisenden Speichen miteinander, so zeigt sich ein nach unten gerichtetes gleichseitiges Dreieck. In der Abbildung gelb eingezeichnet.

Dieses sogenannte *immaterielle Dreieck* bringt zum Ausdruck, wie die Kräfte, die in der immateriellen Welt vorhanden sind, in der physischen, materiellen Welt eine Manifestation hervorbringen. Es steht für *das Unsichtbare*.

3.3.3 Das Hexagramm

Die beiden verschlungenen Dreiecke deuten nun an, dass das Sichtbare mit dem Unsichtbaren durchdrungen ist.

Das Hexagramm ist so das Symbol für den *Kosmos, das Universum*.

Allgemein symbolisiert das Hexagramm – so wie das chinesische Yin-Yang-Zeichen – *das Verschmelzen und die Durchdringung von gegensätzlichen Kräften* (z.B. Himmel – Erde, Geist – Materie, Persönliches – Unpersönliches, Männliches – Weibliches usw.) und wird damit zum *Symbol für die harmonische Dualität.*

Die Botschaft des Hexagramms ist:

Vergiss nie, dass die Welt nicht nur aus dem Sichtbaren, Materiellen besteht. Dem, was wir anfassen, sehen, riechen und schmecken können. Nimm dir auch Zeit für das Unsichtbare, Immaterielle. Liebe, Freundschaft, Spiritualität usw..

Denn wir wissen ja: *Man sieht nur mit dem Herzen gut und das Wesentliche ist unsichtbar,* so lässt SAINT-EXUPÉRY den kleinen Prinz sprechen.

3.4 Der goldene Schnitt – das göttliche Verhältnis

Das Radbild des Bruder Klaus strahlt nicht zuletzt auch deshalb eine grosse *Harmonie und Ausgewogenheit* aus, weil darin sich der Goldene Schnitt, auch als Göttliches Verhältnis bezeichnet, vorfinden lässt.

Nun, was ist der Goldene Schnitt? Die Autorin PRIA HEMENWAY beschreibt es in ihrem Buch „Der geheime Code" so:

„Das Ganze steht zum Grösseren genau im selben Verhältnis wie das Grössere zum Kleineren."

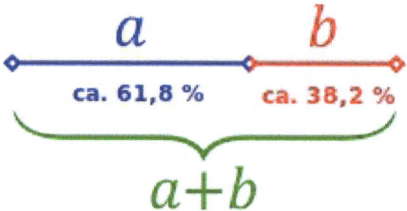

(a + b) : a = a : b und dies ist genau dann der Fall, wenn gilt 1: 0,618 bzw. eine Strecke im Verhältnis 61,8% zu 38,2% geteilt wird.

Den Goldenen Schnitt finden wir oft in der Architektur, in der Natur und nehmen diesen intuitiv als schön und harmonisch wahr.

Dieses göttliche Verhältnis finden wir im Radbild des Bruder Klaus zwischen dem äussersten Radius und dem Abstand zwischen den beiden Ringen.

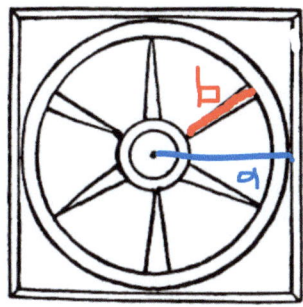

Symbolisch übersetzt, zeigt dies nun das ideale, harmonische Verhältnis zwischen uns als Mensch (innerer Kreis), seit alters her auch als *Mikrokosmos* bezeichnet, und dem grossen Ganzen, dem sogenannten Makrokosmos (äusserster Kreis). Oder kurz: *Die Harmonie zwischen innen und aussen!*

Die Botschaft lautet hiermit:

Versuche immer wieder diese Harmonie zwischen dir und dem Kosmischen (Universellen, Göttlichen) herzustellen, indem du dich Inspirationen aus dem kosmischen Bereich gegenüber öffnest und durch Meditation, Gebet, Begegnungen, Eindrücke aus Natur, Kunst, Architektur usw. empfängst.

Abbildung 9: Der Taj Mahal in Agra, Indien

3.5 Die Speichen – Strahlen

Durch sechs Speichen, bei denen es sich um gerichtete Speichen handelt, die jeweils zu einer Spitze hin verlaufen und deshalb künftig als Strahlen bezeichnet werden, ist die Radmitte mit dem Reif verbunden.

3.5.1 Drei Strahlen nach innen

Doch wie und wohin soll ich mich bewegen und entwickeln? Wie muss ich mich orientieren?

Eine Antwort darauf geben die drei nach innen gerichteten Speichen. Diese Strahlen zeigen mit ihrer Spitze jeweils zur Radmitte, zum Kreismittelpunkt, der für unsere Seele steht.

Die Botschaft lautet so unmissverständlich:

Geh den Weg nach innen! Höre auf dein inneres, wahres Selbst (innerster Kreis), das nur allzu leicht im Getöse der Welt und durch unser Ego (zweitinnerster Kreis) übertönt wird. In der Stille wirst du die innere Stimme vernehmen, die dich zur Höherentwicklung leiten kann.

Diese „innere Stimme" ist ein Ausdruck für jenen göttlichen Funken im Menschen (Kreismittelpunkt), der den Menschen wieder zu seiner ursprünglichen Bestimmung führen soll.

Seit Jahrtausenden gehen Suchende diesen Weg, den man als *mystischen Weg* bezeichnet. Es ist kein kurzer, schnellen Erfolg versprechender Weg wie es DAG HAMMARSKJÖL, der zweite UNO-Generalsekretär, der ein bekennender Mystiker war und dem 1961 posthum der Friedensnobelpreis verliehen wurde, sagte:

„Die längste Reise ist die Reise nach innen ..."

Diese Reise wird jedoch dein Leben verändern und bereichern, dessen darfst du sicher sein.

Bei den drei nach innen gerichteten Strahlen handelt es sich um **die drei Stufen auf dem mystischen Weg:** Um **Intuition, Inspiration** und **Illumination.**

Um sich selbst besser kennen zu lernen, muss man lernen auf *die innere Stimme*, die sog. **Intuition**, die Stimme des Inneren Meisters, zu hören. Sie zeigt uns durch unsere Verbindung mit dem Höheren und kosmischen Anteilen unseres Wesens an, was für unsere Höherentwicklung sinnvoll ist.

Demgegenüber löst **Inspiration** etwas in unserem Inneren aus, bringt etwas in Bewegung. *Sie setzt eine schöpferische Kraft frei*, kosmische Erfahrungen ausdrücken zu können.

Unter **Illumination** versteht man *Erleuchtung*. Es ist *eine höhere Schau*, die uns das Leben anders überschauen lässt. Sie kann ein relativ kurzes Erlebnis sein, das jedoch bleibend und unauslöschbar ist.

Bereits im antiken Griechenland stand über dem Eingang des Tempels von Apollo zu Delphi die Überschrift **Gnothi seauton – „Erkenne dich selbst!"**.

Abbildung 10: Griechische Inschrift "Gnothi seauton"- Erkenne dich selbst!

Im Buch „Die Geheimnisse der Rosenkreuzer" von WOLFRAM FRIETSCH steht: „Wird sich der Mensch seines Selbst bewusst, gelangt er über den jetzigen momentanen Bewusstseinszustand hinaus. Dadurch erreicht er vorübergehend das Absolute oder das Kosmische Bewusstsein … Es beschreibt einen Zustand der intuitiven Erkenntnis der Zusammenhänge des Menschen mit sich selbst und mit dem Universum, der alles umfassenden Ordnung allen Seins."

Einfacher gesagt: Kosmisches Bewusstsein, oft auch als Christus-Bewusstsein bezeichnet, ist: Eins mit allem zu sein, was ist. Es muss deshalb so sein wie das Bewusstsein Gottes, das alles durchströmt.

3.5.2 Drei Strahlen nach aussen

Die drei vom Zentrum nach aussen weisenden Strahlen verdeutlichen also, dass *wenn wir uns selbst erkennen, wir dann auch Gott und die Welt erkennen.* Wie es bereits bei den griechischen Mysterienschulen hiess.

Die vorher geschilderte *mystische Erfahrung der Alleinheit* führt nach WILLIGIS JÄGER nun nicht zu einem Rückzug aus der Welt, sondern im Gegenteil: *Sie führt zurück zum Leben und zu den Menschen,* denn wir wissen uns nun mit allem verbunden.

Deshalb die nach aussen gerichteten Strahlen. Dieser *Bewusstseinswandel,* der mit einer *ganzheitlichen Sicht* verknüpft ist, führt nun zur *Erweckung friedvoller innerer Potenziale,* die bisher ständig durch das Ego unterdrückt wurden und nun zur Bewältigung des Lebens in einer pluralistischen Welt eingesetzt werden. Der Weg aus dem Chaos führt so über den Wandel des Einzelnen. Die drei nach innen und aussen gerichteten Strahlen haben jedoch, neben der erkenntnistheoretischen Ebene, auch **noch eine andere Bedeutung:**

So wie du nach aussen wirkst, durch Gedanken, Worte und Werke, wird es auf dich selbst zurückfallen auf physischer, psychischer oder geistiger Ebene. Sei es noch in diesem Leben, beim Gericht oder im östlichen Sinne beim nächsten Leben. Der Mensch muss lernen und Erfahrungen sammeln. Das **Gesetz des Ausgleichs, das Karma,** ermöglicht ihm dieses Lernen. Es ist Teil des Lernprozesses zum Erkenne dich selbst und damit ein wesentliches

Element zur bewussten *Rückbindung an den Ursprung, die Einheit, aus der alles kam und in die alles eingeht.*

Die nach aussen gerichteten Strahlen sagen uns zusammenfassend die Botschaft:

Trage die Erfahrung der Einheit, dass nichts getrennt, sondern alles eins ist, nach aussen in die Welt, indem du diese transformierende Kraft im Alltag durch deine Gedanken, Worte und Taten zum Ausdruck bringst. Schenke Licht, Leben und Liebe!

Abbildung 11: Zwergseerose im Teich des Autors

3.5.3 Den Strahlen folgen

Folgt man den Strahlen, beginnend bei einem beliebigen Ansatzpunkt, längs des Strahls durch die Radmitte hindurch bis zur gegenüberliegenden Kreislinie und dann entlang des Kreisbogens (egal welche Richtung) bis zum nächsten Strahlenansatz usw., dann erhalten wir am Schluss als geschlossene Figur ein *Dreiblatt, Kleeblatt oder Flügelrad*.

Das Kleeblatt wird im christlichen Sinne als Symbol für die *Dreifaltigkeit Gottes* gedeutet, d.h. der göttlichen Einheit in drei persönlichen Ausprägungen – Gott Vater, Sohn (Jesus Christus) und Heiliger Geist.

Ein Hindu würde darin wahrscheinlich die drei Hauptgötter Brahma, Vishnu und Shiva erkennen.

Gott hat viele Namen und Religionen sind mit Glasfenstern vergleichbar, so WILLIGIS JÄGER: „Sie bleiben dunkel, wenn sie nicht von hinten durch das Licht erhellt werden. Dieses Urlicht ist dem Verstand und den Sinnen nicht greifbar. Im Glasfenster aber bekommt es Struktur und wird für jeden Menschen erkennbar. *Wir sollten jedoch nicht vergessen, dass nicht das Glasfenster das Letztendliche ist, sondern das Licht, das dahinter leuchtet.*"

Unabhängig davon sagt uns das Symbol des Kleeblattes:

Die unentwegte Reise in dein Inneres, zu dir selbst und der anschliessende Weg wieder zurück mit gewandelter Sicht und friedvollem, schöpferischem Potenzial handelnd in der Welt, führt letzten Endes zum Kleeblatt, zu Gott, zur Einheit zurück!

Abbildung 12: Schöpfungsfenster in der Kirche von Twann

4 Ausblick

Dies sind also die Botschaften, die das Radbild des Bruder Klaus *mir* mitteilt. Es gäbe sicher noch einiges zu ergänzen, aber es gehört zum Wesen eines Symbols, dass es nie ganz erschlossen werden kann. *„Sinn und Bedeutung schimmern nur durch, aber dies öffnet den Weg zum Mysterium"*, so SPINETO NATALE in seinem Buch „Die Symbole der Menschheit".

Wichtig ist für dich herauszufinden, was das Radbild dir persönlich sagen will. Es gibt eine Fülle von Deutungsmöglichkeiten. Die Symbole dieses Radbildes sind Tore zu unserem Unbewussten, Schlüssel für den Zugang zu unserem Inneren, letztendlich dem göttlichen Funken. Diese Schrift ist dabei lediglich als Betrachtungshilfe zu verstehen und kann dir mögliche Zugänge aufzeigen.

Die eingangs gestellte Frage nach der heutigen Symbolkraft dieses Radbildes kann damit jedoch klar beantwortet werden.

Das Radbild des Bruder Klaus hat von seiner Symbol- und Strahlkraft nichts eingebüsst und ist, auch über 500 Jahre später, **immer noch eine tiefe Inspirations- und Kraftquelle, in denen geistige Schätze verborgen sind. Du musst sie nur für Dich entdecken!**

Literatur

ALTER MYSTISCHER ORDEN VOM ROSENKREUZ (Hrsg.)(1995): AMORC Die Rosenkreuzer: Wege zu einer höheren Lebenserfahrung. Baden-Baden: AMORC-Bücher.

ABEL, WINFRIED (1999): Das Gebetbuch des heiligen Bruder Klaus: Geheimnis der Mitte. Stein am Rhein: Christiana-Verlag.

BUBER, MARTIN (1996): Der Weg des Menschen nach der chassidischen Lehre. Gerlingen: Lambert Schneider.

BRANTSCHEN, NIKLAUS (2007): Das Viele und das Eine: Für eine weltoffene Spiritualität. München: Kösel.

BRANTSCHEN, NIKLAUS (1999): Erfüllter Augenblick: Wege zur Mitte des Herzens. Freiburg im Breisgau: Verlag Herder.

BRUNTON, PAUL (1965): Der Weg nach innen: Praktische Anleitung zur geistigen Selbstfindung in der heutigen Zeit. Weilheim: Barth-Verlag.

BÜTLER, RENE (1992): Die Mystik der Welt: Quellen und Zeugnisse aus vier Jahrtausenden. Bern: Barth Verlag.

FRIETSCH, WOLFRAM (2005): Die Geheimnisse der Rosenkreuzer. Wiesbaden: Marix Verlag.

JÄGER, WILLIGIS (2013):Ewige Weisheit: Das Geheimnis hinter allen spirituellen Wegen. München: Kösel.

JÄGER, WILLIGIS (2007): Westöstliche Weisheit: Visionen einer integralen Spiritualität. Bielefeld: Theseus Verlag.

JUNG, C.G. (1989): Von Religion und Christentum: Ausgewählt von Franz Alt. Olten: Walter-Verlag.

JUNG, C.G. (1988): Von Traum und Selbsterkenntnis: Ausgewählt von Franz Alt. Olten: Walter-Verlag.

MEIER, PIRMIN (1997): Ich Bruder Klaus von Flüe. Zürich: Ammann Verlag.

SCHIMMEL, ANNEMARIE (1996): Wie universal ist die Mystik?: Die Seelenreise in den grossen Religionen der Welt. Freiburg: Herder.

VOKINGER, KONSTANTIN (1994): Bruder Klaus: Sein Leben. Zürich: NZN Buchverlag.

VON FRANZ, MARIE-LOUISE (1980): Die Visionen des Niklaus von Flüe. Zürich: Daimon Verlag.

WÖLFLIN, HEINRICH (2005):Niklaus von Flüe: Die älteste Biographie über Bruder Klaus von 1501. Malters: Lothar Kaiser.

Gedichte

Fluss des Lebens

Als Regentropfen fiel ich in den Fluss des Lebens

Leise plätschernd trug er mich dahin.

Kein Stein an den ich stiess, war vergebens

und jeder Abdruck hatte seinen Sinn.

Tosend riss er mich dann weiter

fort von wohlbekanntem Land.

Strom des Lebens, wohin wirst du fliessen?

Wohin werde ich gesandt?

Welchen Abgrund muss ich noch durchkämpfen –

in welchen Strudel wird er mich noch ziehn?

Eine Stimme sagt mir leise:

„Du kannst den Schluchten nicht entfliehn!"

Prüfungen muss ich mich stellen,

doch ein neuer Weg hat sich mir aufgetan.

Meinen Fluss des Lebens speisen Quellen,

die mich sicher leiten – bis zum Ozean.   AW

Übe Dich in der Ausdauer,

Damit du ewiglich voranschreiten kannst.

Übe dich in *Mut,*

damit Du alle Hindernisse überwinden kannst.

Übe Dich in der *Schweigsamkeit,*

damit Deinen Gedanken Taten folgen.

Übe Dich in der *Dankbarkeit,*

damit die Güte Gottes in Dich einströmen kann.

So schreite mit diesen Tugenden

auf dem Wege vorwärts;

Damit das Licht in Dich fliessen kann

bis Du selber zur Sonne geworden bist.

SB

Alle drei Gedichte entstammen dem Buch „Auf dem Wege des AMORC"

Dankgebet

Für einen Tag wie diesen

dank ich dem Schöpfer mein.

Er brachte mir Erfahrung,

die sonst nicht könnte sein.

Er zeigte mir das Schöne,

das mir der Alltag bot,

und auch das Angenehme,

Er gab mir Wein und Brot.

Was taugen all die Schmerzen?

Das Dunkel rings umher?

Du lebst in meinem Herzen,

drum ist es nicht mehr schwer,

seit ich die Kraft erschaue,

die tief in mir sich regt,

ich Ihm allein vertraue,

mich sein Liebe trägt. GB

Persönliche Notizen zum Radbild

Herstellung und Verlag:
BoD - Books on Demand, Norderstedt
ISBN 979-3-7431-6331-7